NOUVEAU

PROJET DE LOI

SUR LA PRESSE

PARIS

IMPRIMERIE DE DUBUISSON ET Cᵉ

5, RUE COQ-HÉRON, 5

—

1868

Ce projet a été distribué au Corps législatif. — Avant de le soumettre au Sénat, on lui a fait subir quelques modifications qu'on trouvera plus loin (page 11).

NOUVEAU

PROJET DE LOI SUR LA PRESSE

ARTICLE PREMIER.

Tout Français majeur et jouissant de ses droits civils peut publier un journal en se conformant aux lois sur la déclaration et le cautionnement.

ART. 2.

Le prix de timbre apposé sur les journaux est réduit de moitié.

ART. 3.

La signature d'un article n'est pas obligatoire.

ART. 4.

La loi sépare le fait de l'écrivain politique d'avec les crimes et les délits commis par la voie de la presse.

Art. 5.

Continueront à être soumis à la juridiction établie par la loi du 17 mai 1819 et réprimés conformément à ses articles 1, 8, 9, 10, 11, 12, 13, 14, 16, 17, 18, 19, 20 — toute contravention — la provocation au crime — l'outrage à la morale publique et religieuse et aux bonnes mœurs — les offenses envers la personne de l'Empereur — les offenses publiques envers les membres de la famille Impériale, les Chambres, les souverains et les gouvernements étrangers — la diffamation et l'injure publique.

Art. 6.

Dans le cas où le ministre de l'intérieur juge qu'un écrivain est *sorti des bornes d'une discussion loyale* ou *qu'il a attaqué la Constitution*, il cite le représentant du journal où a paru l'article devant le jury.

Art. 7.

Le jury est composé de 10 membres du Corps législatif. — Ils sont élus de la manière suivante : la Chambre se divise en groupes de 30 personnes, et chacun de ces groupes nomme un juré. — Les débats devant le jury ne sont pas publics. — Quand le jury décide que l'écrivain est *sorti des bornes d'une discussion loyale* ou *qu'il a attaqué la Constitution,* il condamne le représentant du journal à une amende qui ne pourra pas excéder le cinquième du cautionnement. — Pendant l'instance, l'article incriminé ne pourra être reproduit.

— Le jury siége à Paris, — il est élu pour trois ans, — ses membres sont rééligibles.

Art. 8.

Après trois condamnations intervenues dans l'espace de trois mois, le journal sera suspendu pendant deux mois.

OBSERVATIONS

Un projet de loi sur la presse qui adopterait les idées principales et sommaires qu'on vient de lire pourrait présenter des avantages aussi bien aux esprits libéraux qu'aux esprits conservateurs.

Une loi sur la presse qui supprime l'autorisation, — qui modère le timbre, — qui efface l'obligation de la signature, — qui sépare l'écrivain politique d'avec le misérable qui se sert de la presse pour commettre un crime ou un délit, — qui rend à chacun son juge ; à l'un la police correctionnelle et la cour d'assises ; à l'autre une assemblée composée d'hommes politiques, dans laquelle on a pris la précaution d'accorder à l'opposition une part d'influence proportionnelle au nombre de ses membres dans le Corps législatif ; — qui ne donne au gouvernement que le moyen d'empêcher de nuire en édictant une seule peine, qui est l'amende.

— Une telle loi serait assurément une loi libérale, et la plus libérale que notre pays ait jamais eue.

Au point de vue conservateur, et une fois admise

la nécessité de sortir du régime administratif, une pareille loi paraît présenter aussi des avantages sérieux.

— Elle délivre la magistrature d'une tâche compromettante et qui pourrait rapidement la déconsidérer dans le pays. — Elle rentre dans le *droit commun des Français : le jugement par ses pairs et ses égaux*, ainsi qu'il arrive pour le magistrat, le fonctionnaire public, le soldat, le marin, le commerçant, l'industriel, l'ouvrier, le professeur, etc., qui ont chacun des juges spéciaux, savoir : la Cour d'appel, le Conseil d'État, le Conseil de guerre, les Tribunaux maritimes, le Tribunal de commerce, le Conseil de prudhommes, le Conseil de l'université, etc., etc. — Elle fait juger l'écrit politique, qui intéresse la France entière, par une libre émanation du suffrage universel, et non par un tribunal de province, dont la mission n'est pas d'apprécier la politique générale du gouvernement. — Elle abaisse considérablement le prix du timbre, et permet ainsi à un plus grand nombre de journaux de paraître ; s'il y a danger, il est certainement dans le monopole de la presse politique, remis entre les mains de sept ou huit personnages parisiens. — Elle crée un jury spécial et nouveau, composé d'hommes politiques ; cela permet ainsi la non-publicité des débats, qui est une règle de bon sens en matière de presse, mais qui sera fort difficile à défendre devant l'opinion publique, lorsqu'il s'agit d'un tribunal où la publicité est de droit commun. — Elle donne au ministre de l'intérieur,

c'est-à-dire au représentant le plus indiqué des intérêts de la presse dans le gouvernement, le soin de citer
le représentant du journal devant le jury; de la sorte,
elle laisse à l'administration le pouvoir, toujours désir-
able, d'un avis amical à l'écrivain, et la faculté d'es-
sayer de l'indulgence avant d'avoir recours à la sévérité.
On peut ainsi éviter un grand nombre de procès de
presse.

NOUVEAU

PROJET DE LOI SUR LA PRESSE

ARTICLE PREMIER.

Tout Français majeur et jouissant de ses droits civils peut publier un journal en se conformant aux lois sur la déclaration et le cautionnement.

ART. 2.

Le cautionnement pour tous les journaux politiques st fixé à la somme·de cinq mille francs.

ART. 3.

Le timbre apposé sur les journaux est supprimé.

ART. 4.

La signature d'un article n'est pas obligatoire.

Art. 5.

La loi sépare le fait de l'écrivain politique d'avec les crimes et délits commis par la voie de la presse.

Art. 6.

Continueront à être soumis à la juridiction établie par la loi du 17 mai 1819, et réprimés conformément à ses articles 1, 8, 9, 10, 11, 12, 13, 14, 16, 17, 18, 19, 20, toute contravention : la provocation au crime — l'outrage à la morale publique et religieuse et aux bonnes mœurs — les offenses envers la personne de l'Empereur — les offenses publiques envers les membres de la famille Impériale, les Chambres, les souverains et les gouvernements étrangers — la diffamation et l'injure publique.

Art. 7.

Dans le cas où le ministre de l'intérieur estime qu'un article

1° Sort des bornes d'une discussion loyale,
2° Attaque la constitution,
3° Contient un compte rendu des séances des Chambres partial ou irrespectueux pour les personnes qui y sont désignées,

il cite le représentant du journal où a paru l'article devant le jury.

Art. 8.

Le jury est composé de dix membres titulaires et de
cinq suppléants ; ils sont élus de la manière suivante :
Chaque conseil général, au début de sa session, choisit
un de ses membres pour remplir éventuellement la
fonction de juré. — Les noms des quatre-vingt-neuf
personnages ainsi choisis sont envoyés officiellement
au ministère de l'intérieur. — La cour de cassation, en
audience solennelle , tire au sort quinze de ces noms,
les dix premiers sont jurés titulaires pour l'année cou-
rante, les cinq derniers sont jurés supplémentaires. —
Le jury siége à Paris. — Il est élu pour un an. —
Quand le jury résout affirmativement l'une des trois
questions que lui pose le ministre de l'intérieur, le
représentant du journal où a paru l'article incriminé est
condamné à une amende de cinq mille francs. — Pendant l'instance, l'article poursuivi ne pourra être reproduit. — Les débats devant le jury ne sont pas
publics.

OBSERVATIONS

Les différences que l'on observe entre le premier et
le second projet peuvent se légitimer par les raisons
suivantes :

1° En conservant le timbre et le cautionnement
anciens, il est hors de doute qu'on va directement
contre les intérêts que l'on veut servir ; il n'y a de
frein pour la presse, une fois l'autorisation supprimée,
que dans sa diffusion ; — les intérêts fiscaux sont à
négliger dans une loi politique de cette nature ;

2° Le nouvel article 7 résout facilement, avec le jury
spécial, une des questions les plus difficiles et restées
jusqu'alors sans solution : la question du compte rendu
des débats législatifs ;

3° On a craint que nos mœurs politiques ne permis-
sent pas encore de confier aux membres de la Chambre
la répression des délits de la presse ; il leur répugne-
rait, dit-on, de paraître juges dans leur propre cause.
— On atteindra le but que se proposait l'article 7 en

prenant pour jurés les membres des conseils généraux ;
on accuserait ainsi d'ailleurs et plus complétement encore le vœu assurément légitime du législateur : de voir
juger et réprimer les écarts de la presse par les repré-
sentants des besoins politiques de la France entière, et
non par un juge subissant presque exclusivement l'influence de la capitale.

La suppression de l'article 8 s'explique facilement
par ce fait que des amendes répétées viendront facilement à bout du journal, — il est au moins inutile d'ins-
crire dans une loi ordinaire des mesures de salut
public.

Ainsi modifiée, la loi aurait gagné à la fois dans le
sens libéral et dans le sens conservateur.

www.ingramcontent.com/pod-product-compliance
Ingram Content Group UK Ltd.
Pitfield, Milton Keynes, MK11 3LW, UK
UKHW021724090726
13657UKWH00005B/2448